AF562992

TÉTRALOGUE

ÉLECTORAL.

Par un Électeur.

SAINTES.

Imprimerie Nivelleau D. L. V.

TÈTRALOGUE ÉLECTORAL.

Jacques le bon homme. (1)

Etes-vous Électeur, père Thomas?

Thomas.

Qu'est-ce que ça te fait?

J. le b. Vous dites bien, ça me fait peu de chose.

Th. Je dis bien, et toi tu dis fort mal et tu agis de même : étant électeur par la nouvelle loi ; tu t'avise de ne vouloir Pas voter.

J. le b. Je serai bien plus avancé qnand j'aurai été à Saintes dépenser une pochée de blè ou deux, et faire rire ces messieurs de ma grand' Casaque! mon tierçon d'eau-devie ne s'en vendra pas plus cher, et mes bœufs n'engraisseront pas dans mon absence.

Th. Et tu seras bien plus avancé si l'on nomme partout des Carlistes et que le temps revienne pour toi, où pour tes enfans, où Mr *de*..... te défendra de faire de l'Eaudevie, viendra en partie de chasse, boire ton vin sans le payer, (2) dîmera tes gerbes, et mettra tes bœufs et toi en rèquisition pour charrier de la pierre aux bréches de son parc.

(1) On sait que ce nom est le sobriquet du peuple français, comme *John bull*, celui du peuple Anglais.

(2) Voyez Lafontaine, Livre IV. fable 4.

C'est comme pour la garde nationale, deux ou trois heures tous les quinze jours te coutent trop pour le service, tu seras plus avancé si les Maires redeviennent de petits seigneurs, comme ils étaient il n'y a pas un an encore, que les fonds de ta commune passent Dieu sait où, et si tu es mis en prison pour n'avoir pas ôté d'assez loin ton chapeau au Viatique ou â la Procession.

J. le b. Oh! mais père Thomas. vous avez donc peur encore ? est-ce que ces messieurs de Paris n'ont pas mis ordre à tout cela? ils ont fait un nouveau Roi, & une nouvelle Charte, qui sera *une vérité* cette fois, qu'ils disent. Moi je trouve bien tout ce qu'ils font & suis disposé à les laissér faire.

Th. Mon pauvre Jacques, tu n'y entend rien; ce sont les Jacques de Paris, c'est le peuple, des ouvriers comme nous, mais plus avisés & moins égoïstes, qui ont fait la révolution de Juillet.

Quant à tous ces messieurs aux tricolores flammes,
Au beau linge, au frac élégant, (comme dit une fort belle chanson, que tu devrais apprendre) ils l'ont gâtée cette Révolution, et si j'ai bon entendement, ils ne seraient point dutout fachés de la voir défaire.

Le fermier de M. de .....

Ah ah! Père Thomas! et c'était vos si grands amis, il y a quelques temps! Vous ne nous parliez que des Dupin; des Perier, des Benjamin Constant.... Ils vous ont donc faussé compagnie?

Th. M^r^. le fermier, ne confondons pas ; Benjamin Constant est mort de douleur, voyant que ses amis lui faussaient compagnie. Je vous parlais pour le moins autant des Dupont de l'Eure, des Foi, des Manuel.... Pour bien d'autres, je m'apperçois qu'ils ne voulaient nullement diminuer le prix des baux, mai bien se rendre adjudicataires.

Le ferm. Ils le sont complétement devenus, peut-être à leur grand étonnement ; mais quant à ceux qu'ils ont évincés, ne les craignez plus Père Thomas : je puis vous rapporter de bonne source qu'ils ne se présenteront pas à vos assemblées.

Th. C'est pour nous endormir qu'ils le disent, et Jacques le bon homme s'y laisse prendre ; mais bien fou qui les croirait rebutés : ils sont tenaces les braves gens. Voyez si on peut les empêcher de tracasser dans la Vendée, dans le Midi, partout ; quand il serait si fort de leur intérêt de rester tranquilles ! S'ils n'osent pas se présenter eux-mêmes aux élections, ils n'y manqueront pas de fondés de pouvoirs, ils ont passé procuraton aux Doctrinaires. Je ne veux voir nommer ici, ni un Doctrinaire, ni un Carliste, si je peux l'empêcher.

Le ferm. Vous voulez peut-être un Républicain ?

Th. Un vrai Républicain serait un fou, m'est-avis, aux temps où nous sommes. Vous faites grand bruit de la République, messieurs, et vous êtes peut-être les seuls à la souhaiter.

Jacques le bon homme.

Eh bien père thomas, que voulez-vous donc ?

Thomas.

Je veux être tranquille, non seulement pour moi, mais pour mes enfans. Je veux que le commerce revive, et pouvoir acheter ou vendre aux foires de cet arondissement, plus de bestiaux que depuis quelques années. Je veux mettre Jacques à même, malgré lui, de plaider à l'occasion, contre son Maire ou contre son Préfet, et de gagner sa cause, si elle est juste. Je veux empêcher que M. le fermier du château, ne vienne au nom de son haut et puissant maître s'emparer des pacages de la Commune, & même de ceux que sur une concession très légale, on a défrichés depuis plus de trente ans.

Pour cela il faut que la France n'ait pas peur de l'étranger & d'elle même : je veux dire ceux qui gouverne la France. Que les impôts diminuent au lieu de croitre, que le Roi reçoive plus de bons conseils que de milions et de flagorneries. Que la Chambre des Pairs soit un peu nationale, que celle des Députés le soit beaucoup, que les Electeurs y envoient des hommes droits et populaires et non plus tant de courtisans & de bavards ; et qu'ainsi nous nous rendions tous, le cinq Juillet, à notre collége pour y voter consciencieusement, & d'après le meilleur accord dont nous aurons pu convenir.

Jacques le bon homme.

Ma foi, père Thomas, à voir votre chaleur & songeant que vous n'avez acheté aucun bien National, pas même des landes de Madion; que vous avez gagné vos deux cent francs à vendre et acheter des bêtes à cornes, que vous avez vu en courant les foires, des Pays de toutes les sortes & des gens de toutes les classes, et que de tous vous savez ce qu'en vaut l'aune, je m'abandonne à votre direction Je veux être exact au service de la garde nationale Vous me gardez moi et ma famille depuis près d'un an, au fait c'est bien juste que je vous le rende, tâchez de m'obtenir un fusil, je saurai bientôt joliment le manier, & j'irai avec vous, je voterai comme vous; je voterais pour vous si vous étiez éligible.

Thomas.

Te voilà bien, Jacques le bon homme, avec tes variations et tes emportemens: cependant je dois dire que tu commence à te rendre sage.

Sur le chois de notre deputé, je ne suis point très bien fixé moi même; c'est une élection si importante; surtout en ce moment; et c'est pour 5 ans! C'est plus de cinq milliards de notre bourse, & peut-être le salut de la France à risquer!

J'alais de ce ce pas chez M. Eleuthere (3) pour en causer avec lui: c'est un bon voisin, qui aime son pays, qui a beaucoup étudié, jamais intrigué, & qui de son coin juge sans passions les hommes

---

(3) Ce mot signifie *libre*, en bon Saintongeais.

et les choses : il n'est pas électeur, mais c'est dommage. J'ai souvent calculé en menant mes touches de bœufs, que s'il avait mis en bœufs ou en tout autre fonds de commerce, l'argent que lui a coûté son éducation, il paierait grandement 200 francs d'impôt, et n'en serait pas plus capable de servir sa patrie. Venez avec moi, mes amis, nous ne Pouvons rien perdre à l'entendre.

Ils trouverent M. Eleuthere dans son jardin qu'il cultivait lui-même. Il avait alors à la main une loupe & des plantes, et près de lui, sur un banc, un livre intitulé P. L. Courier, ouvert à l'endroit du *simple discours*.

Il falut déjeuner tout en politiquant. Au premier coup de vin, M. Eleuthere porta la santé du Roi, & comme il crut inutile d'ajouter, *des Français*, le fermier de M. de .... trinqua, avec ou sans restriction : le second toast fut pour les Polonais ; le fermier de M. de .... ne tendit point son verre.

Venant au fait, vous me demandez mon avis, leur dit M. Eleuthere, sur le député à nommer dans cet arrondissement, & vous avez commencé par me dire que vous aviez eu à combattre dans Mre Jacques une indifférence qui m'étonne, dans un homme qui au fond, a autant de bon sens que lui.

Jacques le bonhomme

je suis converti, maintenant je voterai malgré mille canons.

M. Eleuthere.

Des canons ! Il y a bien long-temps que notre

heureux arrondissement n'entend que ceux des fêtes ; encore ignoré-je s'il a autre chose que de méchans pierriers : mais il faut songer, monsieur Jacques, que bien des Départemens de la France n'ont pas été aussi favorisés du Ciel ; et que s'ils se sont battus pour nous, s'ils ont été dévastés par les Cosaques Français ou Russes, nous devons au moins bien voter pour eux, & pour cet héroïque Paris, n'aguère jonché de tant de victimes.

Dailleurs si nous n'avons pas éssuyé dans ces contrées le feu des étrangers; nous nous y sommes ressenti par contre-coup de leurs rapines : nous avons payé notre part des contributions de guerre & de l'indemnité de paix.

Comment ! nos législateurs, dans un bon moment, ont reconnu que le peuple Fraçais était digne de se défendre lui-même, et que les contribuables à deux cents francs avaient assez de bon sens & de Patriotisme pour nommer leurs députés et vous voudriez donner un démenti à de telles lois en négligeant vos devoirs de garde national & d'électeur, apprêtant ainsi bien à rire à nos vieux ennemis de l'autre bord, & de l'autre siécle, qui soutiennent au contraire que vous n'êtes bon qu'à trois choses : à payer, à souffrir, et puis à payer. Gent taillable, corvéable et incarcérable, à merci & miséricorde. *Jacques le bonhomme.*

Mille bombes ! je veux faire l'exercice & aller voter. Dites-moi pour qui !

M. Eleuthere.

Voilà le point difficile : et d'abord, Messieurs, que voulez-vous que votre député fasse à la chambre ? de quel mandat voulez-vous le charger ? il faut s'entendre là dessus, avant de chercher un mandataire.

Autre fois les Colléges donnaient leur mandat d'une manière positive à un député ; on appelait cela ses *cahiers* : ce n'était point mal, peut-être, et bien des gens auraient été embarassés ces années dernières, avec de ces cahiers là. Cela ne se fait plus ; les députés, la bride sur le cou, ont pu s'égarer & se repaître àcôté de leur route ; mais vous avez encore des garanties : vous pouvez causer avec votre candidat, jalonner avec lui son chemin, lui en désigner les points essentiels, obtenir des promesses : c'est quelque chose là où il y a de l'honneur.

Ainsi je le suppose (vous me reprendrez si je dis mal,) vous souhaitez qu'un député de 1831, coupe les vivres à nos éternels ennemis, les courtisans, en réduisant de beaucoup la liste civile ; refuse à la pairie, l'hérédité et le nombre indéfini.

Jacques le bon homme.

S'il vous plait, qu'est-ce au juste que notre Pairie ? que Dieu me pardonne si je la connais !

M. Eleuthere.

Dire au juste ce qu'elle est, n'est pas facile ; dire ce qu'elle devrait être est plus aisé.

C'est en idée une fort sage institution, un corps intermédiaire, modérateur entre les députés du peuple & le Roi élu par le peuple, pour fondre et unir les opinions de ces deux pouvoirs, si quelques fois elles sont divergentes, jeter ainsi un élément de sagesse de plus dans la confection des lois. Or je vous laisse à penser si un tel corps ne doit pas jouir d'une vénération incontestable pour avoir une saine influence, et si la vénération s'acquiert par 40000 f de rentes, la peine de naître ou une nomination capricieuse, quand elle n'a rien de pis; si un sénat modérateur entre le peuple et le Roi doit, selon l'équité, dépendre entièrement du Roi & nullement du peuple.. &a. J'aurais là dessus une foule d'idées a émettre, si c'en était le moment; le Député que je veux vous indiquer en a surement de meilleures encore : je continue le tracé de son mandat.

Point d'hérédité de la Pairie.. Peu de Liste civile

Point d'intrigues pour s'avancer, lui, ses neveux ses arrières cousins, ses camarades..

Une diminution notable de l'impôt sur le sel, ainsi que des autres charges pupliques, & cependant un pied de guerre imposant, grâce à une administration économique. L'instruction publique libre avec sagesse.. L'ensiegnement primaire largement encouragé.

Les cultes également libres.

& quant aux intérêts locaux : la Préfecture

rappelée au centre du département, à l'ancien MEDIOLANUM où les Romains avaient un Capitole.

Nos routes et nos canaux continués de manière à ce qu'un jour les bateaux à vapeur de Bordeaux, viennent faire escale à Mortagne, chose facile s'il en est.

Voilà, s'auf addition, ce que chacun de vous desire, je pense, même le fermier de M. de... s'il veut murement y réfléchir. Il peut bien souhaiter quelquefois que son propriétaire ait toujours le *bras long*, pour lui permettre de chasser hors des teres & saisons convenables, que le clergé conserve or & puissance, par ce qu'il a son second fils au séminaire; mais son ainé est à l'armée & sans des institutions libérales, il n'y passera jamais le grade de sergent: mais ses filles sont mariées à des marchands et à des cultivateurs qui tous ne peuvent être fermiers de M. le Duc.

Et voilà, mes amis; (passons au jardin, puisque vous mettez mon babil à l'aise) voilà ce qu'il y a de beau, de juste, de digne d'enthousiasme, dans un gouvernement vraiment constitutionnel, vraiment fondé sur *la majorité nationale*: c'est qu'il met chaque chose & chaque homme à sa place, autant que faire se peut ici bas; et qu'au lieu de faveurs partielles, illusoires en derniere analyse, il répand le plus également possible un bien général, & toujours croissant. L'abus de regime du droit Divin, dont le temple était une antichambre a fait du bien ; qui en doute ? Nous avons assez payé pour le savoir : il a fait du bien aux étrangers & a certaine classe d'habitans de la France, je ne puis dire de Français, mais beaucoup de mal à la nation. Il voulait même éssayer (chose impossible à sa prodigalté folle et dissolue,) de donner du bien-être matériel aux classes inférieures ; du pain, de la liscence & du repos, jusqu'à ce qu'elle l'eussent aidé à asservir les classes moyennes, à comprimer le cœur de la France ; mais la France a du cœur partout : les classes inférieures ont vu le piège & ce sont elles qui ont puni les traires.

Travaillnos donc tous, chacun à notre poste, à l'établissement solide et au développemens seincères de notre constitution ; vous au Collége électoral, par un vote éclairé, moi par des réflexions dans mon jardin dont je tâche de me faire un emblême d'une nation sagement gouvernée. Voyez cette charmille, ces tilleuls, & même ce houblon et ce lierre en rampant le long de ces arbres puissants, voudraient dominer seuls dans cet enclos, ne prèter aux plantes potagères qu'un ombrage insolent & destructeur : mais moi, me constituant le député de ces humbles et muets citoyens, je consulte l'intérêt de *la majorité*, j'élague, je reduis je protège, je compose un tout agréable et utile & je relègue à la frontière, pour servir de cloture, les plantes qui n'ont que des épines ou une inutile vitalité; prêt néanmoins à admettre aux places d'honneur de mes plates-bandes jusqu,à la plus vile épine, lors que greffée d'une bonne sève, elle s'honore de fruits ou de fleurs.

Est-il plus difficile de consulter une majorité d'hommes, qui peuvent parler, exprimer leurs besoins! Le pouvoir n'est il pas coupable quand il ne les demande pas à cette majorité, comme elle même serait coupable de les taire?

Thomas.

Et vous connaissez, M. Eleuthere, un candidat disposé à mettre en pratique ce que vous venez de nous développer ?

M. Eleuthere.

Si nous avions dans notre arrondissement, un homme qui serait de cette jeunesse studieuse & zèlée, sans avoir la hautaine infaillibilité de quelques jeunes gens; appartenant à une famille qui aurait donné dans la députation, une longue suite de garanties à la cause nationale, qui n'aurait lui même d'autre ambition que de bien suivre cette carrière et qui l'aurait prouvé par des refus de places lucratives, qui ne briguerait pas même la députation qu'il désire, au point de négliger le moyen d'une profession de foi écrite, dont a vrai dire, il n'a pas grand besoin, riche, il est vrai, mais ayant presque toujours vécu avec nous, avec le peuple, ayant plongé un moment dans la vie industrielle pour en connaitre les conditions et les besoins, et joignant a tout cela comme accessoire, une facile éloquence; ayant déja dans le conseil général rendu de grands services au département et à cet arrondissement en particulier, si nous avions parmi nous un tel homme, il me semble que les ennemis seuls du pays et d'une sage liberté pouraient songer à lui refuser leur voix.

Thomas.

Je reconnais aisément l'homme que vous venez de dépeindre, c'est M^r.
nous sommes un bon nombre qui pensions depuis long tems à lui; mais est-ce que vous n'y craignez pas un peu la contagion doctrinaire?

M. Elheutere

La connaissance de ses principes, de ses relations et de sa famille, écarte au loin cette appréhension.

Le fermier de M. De...

Mais en concience M^r.
ne peut être autre chose qu'un républicain.

M. Eleuthere.

Vos patrons, M. le fermier, et les cliens de vos patrons, n'ont pu manquer d'élever ce nuage sur les opinions de M^r c'est l'accusation bannale et trop victorieuse jusqu'a ce jour, avec la qu'elle ils ont nui a d'excelents citoyens et par là au pays; mais la peur panique qu'ils excitent ainsi quelquepart, ne passera point aux Electeurs: ceux ci auront le bon sens de voir qu'une république est impossible en France, que nous possédons la meilleure des républiques, si nos minitres sont sérieu-

sement responsables, nos élections libres et franches ; que dans tous les cas ce ne seraient pas les hommes qui ont compté dans leur maison des victimes de nos essais de république qui seraient tentés de renouveller ces essais, Mr
défendra et développera l'également la charte de *1830*, ce qui s'est fait dans les révolutions, ne se fera plus, par cela même qu'il s'est déja fait.

Jacques le bonhomme.

c'est décidé, allons écrire le nom de M.
mais si celui là nous enjôlait encore, père Thomas, ne mourez pas de dix ans ; faites vous éligible, sans devenir plus fier : aux Élections suivantes je me cotise avec mes amis, pour vous faire un traitement à Paris, en vous y nommant notre Député.

Thomas.

Grâce a Dieu, M.
m'évitera long-tems cette corvée.

FIN

www.ingramcontent.com/pod-product-compliance
Lightning Source LLC
LaVergne TN
LVHW010344230826
846091LV00009B/4033

9782011784018